आखिर कौन हूं में?

शिवानी शर्मा

ISBN 979-888530560-0

Shivani Sharma

3 अक्टूबर 2001 को ग्वालियर , मध्यप्रदेश में जन्मी शिवानी शर्मा एक आधुनिक लेखिका है, इन्होंने स्नातक किया है ,ये दुःखद, प्रेरणादायक, लिखना पसन्द करती है, ये एक अच्छी गायिका, अच्छी शायर और प्रस्तुति करती है । इन्होंने बहुत से मैगजीन्स, अंथोलोगिएस में काम किया है, उपलब्धि के तौर पर इनको बहुत से सर्टिफिकेट, मेडल्स, और ट्रॉफी है । ये आगे भी बहुत कुछ सीखना चाहती है , इन्हें अकेला रहना पसंद है क्योंकि ये मानती है कि हम खुद के लिए काफी है और ये खुद पर भरोसा करती है इनका सिग्नेचर ऑटोग्राफ बनेगा।

क्रम-सूची

क्रम-सूची

क्रम-सूची

1. आखिर कौन हूं मैं?

कि कभी-कभी ख्याल आता है मैं कौन हूं क्या हूं ये सवाल आता है,

क्या कोई है वजूद मेरा या सिर्फ बेवजह हूं मैं यहां,

जहां भी जाऊ पराई कहलाती हूं ना मायके की हूं ना ससुराल की हूं,

तो अब तुम ही बताओ मैं कहां की हूं अगर कहीं की नहीं तो कौन हूं मैं...??

हर जिम्मेदारी को मैंने बखूबी निभाया मायके में बेटी, ससुराल में बहू का फर्ज निभाया,

फिर क्यों कभी कुछ ग़लत होने पर बोलने का हक ना पाया,

मायके ने बेटी बोलती नहीं तो ससुराल ने बहू मूंह खोलती नहीं कहकर चुप कराया,

और जब निकली अपनी पहचान बनाने तो मायके की रोक और ससुराल के ताने,

कि हमारे यहां बेटियां देर रात बहार रहती नहीं,और हमारे यहां बहू बहार काम करने जाती नहीं,

तो अब तुम ही बताओ ये जो हो रहा है क्या वो है सही...??

कुछ ग़लत हो,हमारे साथ कोई ग़लत करे दोष हमें ही दिया जाता है,

और फिर घर में घरवालों के और बहार समाज वालों के तानों को जैलना पड़ता है,

तो तुम ही बताओ मेरा होना या ना होने मायने रखता है,

क्या कोई है वजूद मेरा या सिर्फ बेवजह हूं मैं यहां..??

2. कसूर क्या था उसका?

कसूर था उस नन्हीं सी जान का जिसे जीते जी तुमने मार दिया,

अपनी हवस मिटाने को तुमने उससे उसका घर-बार छीन लिया,

अरे अभी तो उसके आने की खुशियां भी किसीने ठीक से मना ना पायी थी,

और तुमने उससे पहले ही उनकी खुशियों को आग लगायी थी,

सच बताना ये करते वक्त क्या तुम्हें जरा भी शर्म ना आयी थी,

कि जिसके कदमों की आहट को गूंजना था अभी पूरे घर आंगन में,

आज वहां मातम सा छाया है उसके इस हालत के होने में,

मैं पूछती हूं क्या कसूर था उसका उसके एक लड़की होने में,

अरे अभी तो पहला शब्द बोलना भी वो सीख ना पायी थी,

और तुमने उससे पहले ही उसकी आवाज को दवायी थी,

सच बताना ये करते वक्त क्या तुम्हें जरा भी शर्म ना आयी थी,

अरे जाकर पूछो उन मां बाप से क्या गुजरी होगी उन पर उस रात को,

जब देखा होगा जिंदगी और मौत से लड़ते अपनी उस नन्हीं सी जान को...

3. खुद में गुमशुदा

ना जाने कहां खोती जा रही हूं,
खुद को भी भूलते जा रही हूं।
जो रखती थी सबका पता,
आज खुद से भी अंजान होते जा रही हूं,
ना जाने कहां खोती जा रही हूं...
पहले रहती थी हर बात में खुश
अब खामोश होते जा रही हूं ,
ना जाने कहां खोती जा रही हूं ...
आज पीछे मुड़कर देखी जो कहानी
तो सहम गई कि पहले क्या थी ,
और अब क्या होते जा रही हूं,
ना जाने कहां खोती जा रही हूं...

4. नन्हीं सी मजबूरी

उन्हें देख मैं अपने सारे ग़म भूल जाती हूं,

मैं उन बच्चों को खुश देखना चाहती हूं,

कांप जाती हूं इन नन्हें हाथों को गिड़गिड़ाते देख,

सहम जाती हूं लोगों को इन्हें धिक्कारते देख,

इनके दर्द में मैं भी कराहती हूं....

मैं उन बच्चों को खुश देखना चाहती हूं....

बिखर जाती हूं धूप में नंगे पांव,सर्दी में बिन चादर ओढ़े देख,

अपनी जरूरतों के लिए इतना मजबूर होते देख,

इनके दर्द में मैं भी कराहती हूं....

मैं उन बच्चों को खुश देखना चाहती हूं....

अचंभित रह जाती हूं इन्हें दर्द में भी मुस्कुराते देख,

इतनी तकलीफ़ो के बाबजूद भी सब कुछ हंसकर सहते देख,

इनके दर्द में मैं भी कराहती हूं....

मैं उन बच्चों को खुश देखना चाहती हूं....

5. क्या बेटी होना पाप है?

क्यूं हमें गर्भ में ही मार दिया जाता है,

जिंदगी मिलने से पहले ही उसे छीन लिया जाता है,

अरे एक बेटी होने में हमारा क्या कसूर होता है,

वैसे तो लक्ष्मी,दुर्गा,काली, सरस्वती की पूजा करते हो,

फिर कोख में पलने वाली के साथ ऐसा कैसे करते हो,

ये कैसा समाज है जिसे सही ग़लत का फर्क नहीं है,

जांच करवाना अपराध है फिर भी ये कम नहीं है,

अरे तुम ही बताओ बेटी मारना क्या पाप नहीं है,

बेटे होने पर लड्डू, बेटी होने पर ना खुश हो जाते हो,

और तुम्हें लगता है कि तुम इंसानियत रखते हो,

अरे अपनी सोच को बदलो,बेटियां भी कम नहीं होती है,

गर बेटे घर का दीपक तो बेटियां बाती होती है,

नाम सिर्फ बेटे ही नहीं बेटियां भी रोशन करती है...

6. खुला आसमान

मैं एक आजाद परिंदे की तरह उड़ना चाहती हूं,
खुले आसमान में सांस लेना चाहती हूं।
थक गई हूं इस उलझन भरी जिंदगी से,
अब कुछ पल राहत की सांस लेना चाहती हूं।
इस दुनिया के लोगों से दूर कहीं,
अपनी एक दुनिया बसाना चाहती हूं।
बहुत जी ली दूसरो के लिए जिंदगी,
अब कुछ पल खुद के लिए जीना चाहती हूं।
इस दुनिया से कुछ अलग कर,
अपनी एक पहचान बनाना चाहती हूं।
मैं एक आजाद परिंदे की तरह उड़ना चाहती हूं...

7. मां

मां तू बहुत याद आती है,

वो मेरे चोट लगने पर दर्द तुझे होना,मुझे रोता देख परेशान तेरा
हो जाना,

ये सब बातें सोचने पर मां तू बहुत याद आती है।

मेरे डर जाने पर तेरा यूं सीने से लगाना,मेरे रूठ जाने पर तेरा यूं
मनाना,

ये सब बातें सोचने पर मां तू बहुत याद आती है।

खाना ना खाने पर तेरा अपने हाथों से खिलाना,कभी गुस्से में डांट
दे तो बाद में प्यार करना,

ये सब बातें सोचने पर मां तू बहुत याद आती है।

माना कि अब तुझसे दूर हो गई हूं,अपनी जिंदगी में कहीं खो सी
गई हूं,

पर तू अब भी मेरी सोच में है,इसलिए जब भी तेरे बारे में सोचूं
तो,

मां तू बहुत याद आती है...

8. आखिर क्यूं हूं मैं यहां?

कभी-कभी लगता है क्यूं हूं मैं यहां क्या काम मेरा यहां,
ना जिंदगी का पता ना खुदका पता ना जाने कैसा है ये सिलसिला,
लगता सब अजीब सा है मानो अंधेरों से भरी ये दुनिया है,
जहां ना कोई उजाला है और ना ही उम्मीद की कोई किरण,
है तो बस मायूसी से भरी जिंदगी और तन्हा यहां हम,
अपने दिल की बात करे भी तो किससे करें यहां लगते सब अंजाने
है,
देखूं आसपास जो तो दिखते बस सब जगह वीराने है,
अब ना खुशी में खुशी होती है और ना ही दर्द में दर्द,
ना जाने कैसे हो गए हैं हम कि अब पड़ता ही नहीं कोई फर्क,
पहले तो दिल हर बात पर सवाल करता था बार-बार मुझसे
झगड़ता था,
पर अब ऐसे खामोश रहने लगा है जैसे बेजार हो चुका है,
लगता है मानो अब इसका भी जीने से मन भर चुका है,
तो कभी-कभी लगता है क्यूं हूं मैं यहां क्या काम मेरा यहां,
ना जिंदगी का पता ना खुदका पता ना जाने कैसा है ये
सिलसिला....

9. मौत से कैसा डरना?

कि मौत से मुझे कभी डर नहीं लगता,उसे सोच मेरा मन नहीं घबराता,

और घबराये भी तो क्यों भला जब पता है,ये तो दस्तूर है जिंदगी का,

जो आया है उसे जाना भी है,ये तो सदियों से चली आई रीत है,

फिर क्यों उसे सोच अपना आज ख़राब करना,

मेरा एक हसीन आशियां है जिंदगी का,

मौत का वैसे भी कोई भरोसा नहीं,ना जाने कब आ जाए,

तो क्यों ना कुछ हसीन पल चुराऊ वक्त से अपने,

खुश रहने में भी एक अलग मजा है जिंदगी का,

क्यूं ना कल की फिक्र छोड़ सिर्फ अपने आज को बेहतर,खुशनुमा बनाऊ मे,

कल जो होना है,अच्छा या बुरा,वो भी तो एक हिस्सा है जिंदगी का,

सोचती हूं कुछ ऐसा करके जाऊ,की जमाने में याद करी जाऊ,

हंसता मुस्कुराता सा अंदाज रखूं में अपना,

जो देखे मुझे कहे,हर एक पल ऐसे जीना है मुझे जिंदगी का...

10. क्या तू खुद से है खफा?

किस सोच में और कहां गुम रहने लगी है आजकल तू,

खुद से है खफा या किसी और वजह है परेशान तू,

क्यूं तू इतनी बदल सी गई है जो थी वो अब नहीं है,

क्या तोड़ा है किसीने दिल तेरा या खुद ही टूट गई है,

कुछ तो बता किस बात से तू अब इतना डरने लगी है

खुद से है खफा या किसी और वजह है परेशान तू,

कभी जो सबका आंगन खुशियों से महकाया करती थी,

आज वो खुदके दर्द में इतना कैसे डूब गई है,

इतनी खुदगर्ज तो तू कभी ना थी जितनी अब हो गई है,

हालातों से मजबूर हैं या हालातों से हार गई है,

कुछ तो बता अब ये सांसें भी सवाल करने लगी है,

इतना चेहकने वाली आज इतना खामोश हो गई है,

लगता है मानो जैसे जिंदा होकर भी जिंदा सी नहीं है,

खुद से है खफा या किसी और वजह है परेशातू...

11. जिंदगी अजनबी सी

ना जाने क्यूं आजकल जिंदगी कुछ खफा सी लगती है,

सबके होते हुए भी किसी की कमी सी खलती है,

समझ नहीं आता ये जिंदगी इतनी अजनबी सी क्यूं लगती है,

कुछ तो बात है जो मुझे समझ नहीं आ रही है,

पर क्या है ऐसा जो तू मुझसे दूर जा रही है,

कुछ तो बता ऐ जिंदगी तू क्यों मुझे इतना रूला रही है,

मैं तो तुझे समझना चाहती हूं फिर क्यों तुझमें उलझ जाती हूं,

आखिर क्यों मैं हर बार तुझे समझते समझते रह जाती हूं,

आज मैं मेरे इन सारे सवालों के जवाब चाहती हूं,

मेरी जिंदगी मेरी होकर भी मेरी सी नहीं लगती है,

क्या है ऐसा जो तू हर पल खुद में गुमशुम सी रहती है,

समझ नहीं आता ये जिंदगी इतनी अजनबी सी क्यूं लगतहै...

12. पिता

जिंदगी में चाहे कितनी भी मुश्किलें क्यों ना हो,
मैंने उन्हें उनका बखूबी सामना करते देखा है,
हम बच्चों की खुशी के लिए सब सहते देखा है,
मैंने भगवान के रूप में अपने पिता को देखा है,
बिन कहे हर ख्वाहिश को पूरा करते देखा है,
मैंने उन्हें दर्द में भी हर पल मुस्कुराते देखा है,
जिंदगी की इस दौड़ में अकेले चलते देखा है,
मैंने भगवान के रूप में अपने पिता को देखा है...

13. दर्द

दर्द तो दोस्त पुराना है ,जिसमें यादों का खजाना है,
जब भी होती हूं अकेले तो याद आता वो जमाना है, दर्द तो दोस्त पुराना है।
कुछ खट्टी- मीठी , कुछ मुश्किल सी, कुछ पुरानी यादें आती है,
याद लग जाती महफ़िल सी ..मानों रिश्ता बहुत पुराना है,
गहरा इतना कि रोज मिलना जुलाना है, दर्द तो दोस्त पुराना है ।
जब भी खुशी थी जल्दी में इसने साथ निभाया है,
यूं तो कहने को बहुत है,
अपने पर दिल से इसने अपनाया है, दर्द तो दोस्त पुराना है।
जब भी तन्हाई में इसने गले लगाया है,
परछाई बनकर संभाला इसने दर्द तो दोस्त पुराना है...

14. जिंदगी से परेशान

जिंदगी से कुछ परेशान सा रहता है,
वो हरदम खोया हुआ सा है, वो।
ना जाने क्या दर्द है,
उसके दिल में हमेशा बैचेन सा रहता है, वो।
यूं तो कहने को मुस्कराते रहता है,
वो पर कौन जाने कि अंदर ही अंदर कितना घुटते रहता है,
वो कभी एहसास नहीं होने देता पर अंदर से बहुत टूटा हुआ सा है,वो...

15. बचपन

वो बचपन भी कितना प्यारा था,
जिसमें खुशियों का खजाना था।
मम्मी की कहानी थी, परियों का फ़साना था।
ना कुछ पाने की चाहत थी, ना कुछ खोने का डर था ।
चारों ओर मस्ती थी ,जिंदगी में सुकून था।
ना सुबह की फिक्र थी ,ना शाम का ठिकाना था।
बारिश में कागज की नाव थी, और मौसम सुहाना था।
ना रोने की वजह थी,ना हंसने का ठिकाना था।
सपनों की दुनिया थी ,उमंगों का घेरा था।
जिंदगी हसीन थी ,ये दिल आवारा था...

16. यादें तेरी

आज तुम्हारी बहुत याद आ रही है,
वो प्यारी प्यारी बातें याद आ रही है।
वो मेरे रूठने पर तेरा मनाना और मनाकर फिर सताना...
आज तुम्हारी बहुत याद आ रही है,
वो तेरी प्यारी सी आंखें याद आ रही है।
वो मेरे रोने पर तेरा हंसाना और हंसाकर फिर रुलाना...
आज तुम्हारी बहुत याद आ रही है,
वो प्यारी सी मुस्कान याद आ रही है।
वो मेरे जाने पर तेरा चिढ जाना और आने पर खिल जाना..
आज तुम्हारी बहुत याद आ रही है,
वो सारी बातें आज याद आ रही है...

17. एक चीख

कि कल रात मैं चीखी चिल्लाई पर किसीको मेरी आवाज़ तक ना आई,

क्यूंकि सुबह चेहरे पर फिर मैंने एक झूठी मुस्कान सजाई,

और करती भी तो क्या करती जान जो गई थी कि ये दुनिया भी है पराई,

यहां जिसने भी अपने दर्द की कहानी सुनाई उसने अपनी हंसी उड़वाई,

कि कल रात मैं चीखी चिल्लाई पर किसीको मेरी आवाज़ तक ना आई,

कि अब मैं जिंदगी से हारी मुझे अब ये जिंदगी रास ना आई,

ऐ मौत लगाले गले आकर मुझको मुझे अब ये तन्हाई रास ना आई,

और यहां पराए तो छोड़ो यहां अपनों ने भी करी रूसवाई,

जब भी पड़ी जरूरत किसी की मुझको तो मैंने खुदको अकेला खड़ा पाई,

कि कल रात मैं चीखी चिल्लाई पर किसीको मेरी आवाज़ तक ना आई...

18. खास रिश्ता

कि उससे रिश्ता मेरा कुछ ख़ास है,
वो हर सुख-दुख में मेरे साथ है,
कोई समझे या ना समझे मुझे,
लेकिन उसे मुझ पर पूरा विश्वास है,
कि उससे रिश्ता मेरा कुछ ख़ास...
खुद से पहले उसे मेरा ख्याल है,
हर खुशी में सिर्फ उसका ही हाथ है,
और अब इससे ज्यादा क्या कहूं मैं,
कि मेरे लिए जान देने को भी वो तैयार है,
कि उससे रिश्ता मेरा कुछ ख़ास है...

19. इंतजार

कि अब किसी का इंतजार नहीं किसी से कोई गिला शिकवा नहीं,

क्यूंकि अगर होते वो अपने तो कभी जाते ही नहीं,

यूं भरी महफिल में हमको कभी रूलाते नहीं,

और कहीं ना कहीं गलती हमारी ही थी जो हम उन्हें अपना समझ बैठे,

क्यूंकि उन्होंने तो हमें अपना कभी समझा ही नहीं,

इस दिल ने कभी किसी का बुरा ना सोचा ना चाहा,

फिर भी हमैशा खुदको अकेला सा पाया,

क्यूंकि जो भी आया बस दो पल का मेहमान आया,

जिंदगी भर का साथ यहां कोई भी ना लाया,

उनके लिए हमने अपनी खुशियों तक को भुलाया,

दर्द में उनके हमैशा उनका साथ निभाया,

अफसोस फिर भी हमको कभी कोई समझ ना पाया,

खैर सिकायत करना भी तो उनसे क्या सिकायत करना,

जो आंखों से ना समझ सके उन्हें लफ़्ज़ों से क्या समझाना,

और अगर होते वो अपने तो कभी जाते ही नहीं...

20. खामोशी

कि अब बस मैं खामोश रहना चाहती हूं,

किसकी कितनी गलती नहीं बताना चाहती हूं,

और वैसे भी अब करोगे भी क्या जानकर,

क्यूंकि जो कहना था वो तो तुम कह चुके,

इसलिए अब बस मैं खामोश रहना चाहती हूं,

कि गलती ना होने पर भी मान लेती हूं मैं ग़लत और तू सही,

क्यूंकि अब बस मैं कोई बहस नहीं चाहती हूं,

और समय की कीमत पता है मुझे इसलिए इसकी बर्बादी नहीं
चाहती हूं,

अब बस मैं खामोश रहना चाहती हूं,

और जो इल्जाम लगाने थे वो तो लगा ही चुके हो तुम,

तो अब मैं कोई सफाई देना भी नहीं चाहती हूं,

क्यूंकि अब बस मैं खामोश रहना चाहती हूं,

कि बहुत देख लिया बोलकर अब चुप रहकर भी देखना चाहती हूं,

कौन कितना गिर सकता है ये जानना चाहती हूं,

इसलिए अब बस मैं खामोश रहना चाहती हूं...

21. एक दिवाली ऐसी भी

आओ चलो मिलकर रोशनी का एक दीया जलाते हैं,

इस बार दिवाली हम उन गरीबो के साथ मनाते हैं,

जो चाहकर भी इस दिन को खुश ना रह पाते हैं,

चलो इस बार थोड़ी खुशियां उनको देकर आते हैं,

अपना घर तो हम हर बार ही जगमगाते हैं,

क्यों ना इस बार थोड़ी रोनक उनके घर भी लाते हैं,

इस बार दिवाली हम उन गरीबो के साथ मनाते हैं,

हम तो हर त्योहार मीठा पकवान बनाते हैं,

चलो इस बार थोड़ी मिठाईयां उनको देकर आते हैं,

हम तो हर जश्न रंग बिरंगे कपड़े पहन मनाते हैं,

और वो गरीब कपड़ों के लिए भी तरस जाते हैं,

क्यों ना इस बार कुछ कपड़े उनको देकर आते हैं,

इस बार दिवाली हम उन गरीबो के साथ मनाते हैं,

आओ चलो मिलकर रोशनी का एक दीया जलाते हैं...

22. याद रखना

कि जिस तरह तूने छोड़ा है मुझे तुझे भी कोई छोड़ जाएगा,
याद रखना उस दिन तुझे मेरा प्यार याद आएगा,
और क्या कहा था तूने कि मैं तेरे काबिल नहीं,
देखना एक दिन यहीं सब बातें सोच तू बड़ा पछताएगा,
जब मेरे जैसा यहां कोई और दूसरा ना पाएगा,
याद रखना उस दिन तुझे मेरा प्यार याद आएगा,
मैंने तो तुझ पर अपना सब कुछ वार दिया था,
मुझे क्या पता था कि तू यूं बीच सफर में छोड़ जाएगा,
पर अब जो गया है तो फिर कभी वापस ना आ पाएगा,
याद रखना उस दिन तुझे मेरा प्यार याद आएगा,
गलती हो गई मुझसे जो मैं तेरे खेल को समझ ना पाई,
ना जान पाई कि तू इस तरह मेरे दिल से खेल जाएगा,
पर वादा है मेरा खुश तो कब तू भी कभी ना रह पाएगा,
याद रखना उस दिन तुझे मेरा प्यार याद आएगा...

23. वक्त

वो अपनी मर्जी से बात करते थे,
और हम उनकी मर्ज़ी का इंतजार करते थे।
मालुम था,मैं शामिल नहीं थी तेरी जिंदगी में,
हां मैं काबिल नहीं थी तेरे लिए।
वो अपने खाली समय में याद करते थे ,
और हम उनके खाली समय का इंतजार करते थे ।
अपनों के लिए तो होती ही है फुर्सत अक्सर,
वक़्त तो गैरों के लिए निकाला जाता है ।
अक्सर वो अपने वक़्त से प्यार करते थे,
और हम उनके वक़्त का इंतजार करते थे...

24. कुछ तो कमी होगी मुझमें?

कुछ तो कमी होगी मुझमें,
जो प्यार देकर भी दिल में जगह बना ना पायी मैं,
वफ़ा करके भी वफादार कहला ना पायी मैं,
कुछ तो कमी होगी मुझमें....
जो किसी को अपनी बात भी समझा ना पायी मैं,
सही होते हुए भी खुद को सही साबित कर ना पायी मैं,
कुछ तो कमी होगी मुझमें....
जो दोस्ती निभाकर भी अच्छी दोस्त बन ना पायी मैं,
रखकर भी फिक्र सबकी खाश बन ना पायी मैं,
कुछ तो कमी होगी मुझमें...

25. झूठी मुस्कान

कि अब और नहीं होता मुझसे ये झूठा दिखावा करना,

दर्द में होकर भी चेहरे पर मुस्कान रखना,

थक गई हूं अब मैं ये झूठी हंसी हंसते हंसते,

हर पल हर रोज खुद से एक नया झूठ बोलते बोलते,

अब तो बस जी भर खुलकर मैं रोना चाहती हूं,

दुनिया की परवाह किए बिना खुद में खोना चाहती हूं,

क्यूंकि जिंदगी मेरी अब सच से ज्यादा झूठ बन गई है,

मेरा किरदार अलग और कहानी नई बन गई है,

अब तो घुटन होने लगी है ये बनावटी चेहरे से,

दर्द में होकर भी चेहरे पर मुस्कान रखने से,

तो क्यूं ना अब खुद से खुदको रूबरू कराया जाए,

जो है हकीकत में आज वो चेहरे पर लाया जाए...

26. तन्हाई

कि अब रास आने लगी है मुझे मेरी ये तनहाई,

कोई तो है जो मुझमें दिलों जान से है समाई,

अक्सर जब छोड़कर चले जाते हैं लोग साथ मेरा,

तो एक यही तो है जो कहती हैं कि तू थाम हाथ मेरा,

हां माना कि मुझे मुझसे अब मिलने देती नहीं,

पर बुरे वक्त में अकेला भी तो छोड़ती नहीं,

तो फिर कैसे कह दूं कि ये तन्हाई मुझे भाती नहीं,

अब कोई हलचल या शोर नहीं होता मेरे अंदर,

और ना ही कोई सवाल उठता है मन के अंदर,

तन्हाई तो मानो अब मेरी परछाई सी बन गई है,

जो हर पल मेरे साथ मेरे साए की तरह रहती है,

तो कब तुम ही बताओ कैसे इससे शिकायत हो सकती है...

27. परछाई

मैंने तो अपना माना तुझे ,
फिर तूने क्यो मुझे पराया कर दिया ।
मैं तो तेरी परछाई बनना चाहती थी ,
फिर तूने क्यो मुझे अकेला कर दिया।
मैं तो तेरा दर्द बांटने चाहती थी ,
फिर तूने क्यो मुझे दर्द दिया।
मैं तो तेरे आंसू पोंछने आई थी ,
फिर तूने क्यो मुझे रूला दिया।
मैं तो तुझे जानना चाहती थी,
फिर तूने क्यो मुझे अंजान बना दिया...

28. एक अरसा

एक अरसा हो गया उनसे बात नहीं हुई,
कभी जो मुलाकात रोज होती थी,
आज वो एक अरसे से नहीं हुई,
मन करता है उनसे बात करने का,
पर उन्होंने हमसे बहुत बड़ी बात कहें दी,
याद तो हर रोज उनकी आती है,
पर उन्होंने हमें आवाज तक नहीं दी,
सोचते है दिन-रात बस यहीं,
कि हमने तो उनके हित में बात की,
फिर उन्होंने हमसे एक अरसे से बात क्यों नहीं कि...

29. चलो मान लिया मैं गलत

चलो मान लिया मैंने कि मैं ग़लत और तुम सही,
पर तुम ये तो बताओ कि मैं कहां गलत और तुम कहां सही,
बातों से दिल तुमने तोड़ा मेरा,
और कहते हो कसूर क्या है मेरा,
तुमने हर बार मुझे नीचा दिखाया,
पर मैंने तुम्हें कभी कुछ ना सुनाया,
छोड़कर जाना तुम्हारा फैसला था,
और कहते हो सबसे कि ये मेरा कहना था,
मैंने हर बार तुम्हें समझाना चाहा कि मैं ग़लत नहीं,
पर तुमने कभी मेरी बात को सुना ही नहीं,
फिर भी मान लिया मैंने कि मैं ग़लत और तुम सही,
पर तुम ये तो बताओ कि मैं कहां गलत और तुम कहां सही...

30. आखिर क्यूं ?

क्यूं हर बार खुदको साबित है करना पड़ता,
क्या मैं एक लड़की हूं इसलिए सब है सहना पड़ता,
अगर सच है ये तो फिर झूठा दिखावा क्यूं,
होती है अगर बेटियां घर की लक्ष्मी तो भेदभाव क्यूं,
क्यूं लड़कों को ज्यादा और लड़कियों को कम है समझ जाता,
अगर है बराबर तो क्यूं उन्हें उनके जितना हक नहीं दिया जाता,
क्या आजादी सिर्फ लड़कों का हक है होता लड़कियों का नहीं,
और अगर होता है सच में तो ये दिखता क्यूं नहीं,
क्यूं हमैशा लड़कियों को सिखाया जाता है लड़कों को नहीं,
अगर कुछ ग़लत हो उनके साथ तो कसूरबार वहीं होती है,
क्यूं हर बार खुदको साबित है करना पड़ता,
क्या मैं एक लड़की हूं इसलिए सब है सहना पड़ता??

31. एक लड़के की कहानी

कि आज बड़े मुद्दतो बाद ऐसी शाम आई है,

जहां एक लड़की एक लड़के की कहानी सुनाने आई है,

यूं तो हमारे लिए ये कहना बड़ा आसान होता है,

कि लड़कों का जीवन बड़ा ही सरल होता है,

पर क्या कभी किसीने उनके जीवन को जीकर देखा होता है,

अरे खुद से पहले उन्हें अपने परिवार का ख्याल होता है,

सारी जिम्मेदारीयां उन्हें खुदको अकेले उठाना होता है,

और तुम कहते हो कि लड़कों का जीवन बड़ा आसान होता है,

कि दिल टूटने पर हम लड़कियों का रोना तो आसान होता है,

पर उन लड़कों से पूछो जिन्हें इस दर्द को हंसकर सहना होता है,

सिर्फ इस वजह से कि लोग क्या कहेंगे कि एक लड़का भी रोता है,

और तुम कहते हो कि लड़कों का जीवन बड़ा आसान होता है,

कभी भी कुछ ग़लत हो तो कसूर सिर्फ लड़कों को होता है,

और मैं पूछती हूं ये कहना इतना आसान कैसे होता है,

क्यूंकि तुमने तो अपनी आंखों से सब कुछ नहीं देखा होता है,

यहां हर फैसला सिर्फ लड़कियों के हक में होता है,

और तुम कहते हो कि लड़कों का जीवन बड़ा आसान होता है...

32. जज़्बात

सुनो जो दिल में मेरे जज़्बात थे तेरे वो अब सारे खतम हो गए,

हां अब से हम मैं और तुम हो गए हां अब हम अलग हो गए,

अब मुझे तुमसे वो प्यार नहीं पहले वाला वो अब एहसास नहीं,

क्यूंकि तुमने कभी हमारे रिश्ते को समझा ही नहीं,

मैं पागल थी जो अब तक एक झूठे रिश्ते को निभाए जा रही थी,

उसे खोने के डर से बेमतलब की कोशिश किए जा रही थी,

काश मैं पहले ही तुम्हारे पीछे इतना भागी ना होती,

तो आज मैं खुद से ही खुदके लिए लड़ ना रही होती,

अब समझ आ चुका है मुझे कि तुम तो मेरे कभी थे ही नहीं,

प्यार तो सिर्फ मुझे हुआ था तुम्हें तो कभी हुआ ही नहीं,

अगर होता तो तुम मेरे दिल से इस तरह खेलकर ना जाते,

मुझे यूं बीच रहा मरने के लिए छोड़कर ना जाते,

पर अब शिकायत करूं भी तो किससे और क्या शिकायत करूं,

क्यूंकि गलती मैंने की भरोसा कर तो कब किसी और को क्या दोष दूं...

33. एक तरफा प्यार

कि दिल में किसी और को बसा हमसे झूठे वादे किए जा रहे है,

देखो ना वो किस तरह हमारे दिल से खेले जा रहे हैं,

हम वाकिफ हैं उनकी इन सभी हरकतों से अच्छे से,

फिर भी खुदके मन को बहलाए जा रहे हैं,

हां हम एक तरफा मोहब्बत निभाए जा रहे हैं,

खोकर किसी और के ख्याल में बातें हमसे किए जा रहे हैं,

देखो ना वो किस तरह हमारे दिल से खेले जा रहे हैं,

मालुम है हमें वो रातें कहीं और गुजारे जा रहे हैं,

पर हमारा पागलपन तो देखो हम फिर भी इंतजार किए जा रहे हैं,

हां हम एक तरफा मोहब्बत निभाए जा रहा है,

सपने हमें दिखाकर पूरे किसी और के साथ किए जा रहे हैं,

देखो ना वो किस तरह तुम्हारे दिल से खेले जा रहे हैं...

34. मुस्कुराने की सजा

कि जिस रोज मैं मुस्कुरालू उस रोज उससे ज्यादा मैं खुदको रूलाती हूं,

मैं मेरे मुस्कुराने की सजा अक्सर खुदको यूं देती हूं,

अब खुशियो से मेरी कुछ खास बनती नहीं उनके साथ मेरी जमती नहीं,

क्यूंकि रास आने लगा है मुझे अब यूं दर्द में रहना,

इस दुनिया से बेखबर अपनी बनाई अलग दुनिया में रहना,

अब सुबह का उजाला काटने को और रात का अंधेरा सुकून देता है,

क्यूंकि ये मुझे लोगों की दो चेहरों वाली शक्लों से दूर रखता है,

और शायद यही वजह है कि जो मुझे अब दर्द रास आने लगा है,

अब ना ही किसीको पाने की चाहत है और ना ही खोने का डर

हां वो वक्त और था जब लोगों की फ़िक्र में पागल थे हम,

मैं अब खुदको समझने लगी हूं और अपने आप में रहने लगी हूं,

अब अंधेरा देख मैं पहले की तरह घबराती नहीं बल्कि सुकून पाती हूं,

कि जिस रोज मैं मुस्कुरालु उस रोज उससे ज्यादा मैं खुदको रूलाती हूं,

मैं मेरे मुस्कुराने की सजा अक्सर खुदको यूं देती हूं...

35. तरस ना आया

कि कितना रोई गिड़गिड़ायी थी मैं उस रोज तेरे सामने,

वो भी किस चीज के लिए सिर्फ तेरे प्यार और तेरे साथ के लिए,

पर तुझे तो फिर भी मेरी हालत पर तरस ना आया,

मुझे ऐसे देख तेरा दिल जरा भी ना पिघल पाया,

मैं कभी ना जानती थी कि तू इतना बदल जाएगा,

इतने दिनों का साथ, बातें तू यूं पल भर में भूल जाएगा,

क्या क्या थी मेरी कम-से-कम ये तो बताया होता,

इल्जाम लगाने से पहले एक बार मेरी बात को भी सुना होता,

पर तू तो चला गया मुझसे रिश्ता तोड़के मेरा साथ छोड़के,

लेकिन उसके बाद मेरे साथ क्या हुआ कभी ये तो जाना होता,

जिंदा थी मैं पर जीने की कोई चाह नहीं बची थी,

मानो जैसे दुनिया के हर शख्स से नफ़रत सी हो गई थी,

अब तो बस चुपचाप एक कोने में बैठे रहना चाहती थी,

क्या हुआ क्यूं हुआ इस बारे में अब कुछ भी नहीं सोचना चाहती थी...

36. अब वक्त मैं खुदको देने रोगों हूं

लोगों से कम बात करने लगी हूं,
क्योंकि अब वक्त मैं खुदको देने लगी हूं,
आज तक सिर्फ दूसरों के लिए जीती थी,
पर अब खुदके बारे में सोचने लगी हूं,
हां अब मैं खुद से प्यार करने लगी हूं,
कभी बहुत शिकायते थी मुझे खुद से,
पर अब इतनी गलत नहीं ये समझने लगी हूं,
क्योंकि अब वक्त मैं खुदको देने लगी हूं,
आज तक सिर्फ दूसरों की बात मानती थी,
पर अब खुदके दिल की सुनने लगी हूं,
हां अब मैं खुदसे प्यार करने लगी हूं,
कभी दूसरों के नजरिए से देखती थी दुनिया,
पर अब खुदके हिसाब से चलने लगी हूं,
क्योंकि अब वक्त मैं खुदको देने लगी हूं...

37. पहला और आखिरी प्यार

उसे देख के ही सांसें चलती है मेरी,

वो नहीं तो कुछ भी नहीं ये जिंदगी मेरी,

उसके ना होने से लगता घर खाली खाली,

वो हो तो लगता जैसे पास हो दुनिया सारी,

दिल हर वक्त उसे याद करते रहता है,

वो ना दिखे तो सुकून नहीं मिलता है,

उसके आंचल में रहना पसंद है मेरी,

वो साथ रहे बस इतनी सी ख्वाहिश है मेरी,

मेरा पहला और आखिरी प्यार है वो,

वो कोई और नहीं मेरी प्यारी मां है वो....

38. बदलता दोस्त

कौन कहता है कि बदलता सिर्फ प्यार है,
मैंने अपने दोस्त को भी बदलते देखा है,
कभी जो मुझे जान कहकर पुकारता था,
आज उसे किसी और को जान कहते देखा है,
मैंने अपने दोस्त को भी बदलते देखा है...
एक वक्त था जब हमारी बातें खत्म नहीं होती थी,
और आज उन्हें शुरू होने से पहले खत्म होते देखा है,
मैंने अपने दोस्त को भी बदलते देखा है...
कभी जो बिन कहे ही समझ लेता था मेरी बातें,
आज उसे कहकर भी उन्हें ना समझते देखा है,
मैंने अपने दोस्त को भी बदलते देखा है...
जो वादे उसने मुझसे किए थे साथ निभाने के,
आज उन्हें किसी और के साथ पूरा करते देखा है,
मैंने अपने दोस्त को भी बदलते देखा है...

39. तेरी खुशी

तेरी खुशी में अपनी खुशी ढूंढा करते थे,
खुद से ज्यादा तेरे बारे में सोचा करते थे,
खबर नहीं थी मुझे अब तक इस बात की,
कि तेरे लिए हम बाकियों की तरह थे,
अपने दिल में तेरी तस्वीर रखा करते थे,
खो ना दे इस बात से हमेशा डरा करते थे,
तेरी एक झलक पाने का बहाना ढूंढा करते थे,
खुद से ज्यादा तुझे प्यार करते थे,
लेकिन आज तुमने इतना दिल दुखाया है,
कि मेरी आंखों ने भी खुदको भिगोया है...

40. क्यों तुझे मेरा प्यार नहीं दिखता?

कि सबको दिखता है प्यार मेरा फिर तुझे क्यों नहीं,

अब क्या जान पर खेल जाऊ तब मानेगा तू इसे सही,

और मेरे तो हर पन्ने में सिर्फ तेरा ही जिक्र होता है,

पर तू ही है जो पड़कर कहानी उसे छोड़ जाता है,

फ़िक्र में तेरी मैं अक्सर खुदको भी भूल जाया करती हूं,

एक सिर्फ तेरी खातिर मैं पूरी दुनिया से लड़ जाया करती हूं,

लेकिन तू ही है कि जिसे मेरा प्यार कभी दिखता ही नहीं है,

ऐसा कोई भी पल नहीं जब मैं तुझे याद करती नहीं,

बस डरती हूं तुझे खोने से कहती कभी कुछ नहीं,

कि चोट तुझे लगे तो दर्द मुझे होता है,

तेरा उदास चेहरा देख दिल ये मेरा रोता है,

और गर दूर हो जाए तू दो पल के लिए भी नजरों से मेरी,

तो मत पूछ इस दिल का क्या हाल हो जाता है,

कि सबको दिखता है प्यार मेरा फिर तुझे क्यों नहीं...

41. गलतफहमी प्यार की

कि मेरे प्यार से बात करने को वो कुछ यूं समझता है,

मैं सिर्फ उसी की हूं वो ये गलतफहमी रखता है,

अरे पागल ऐसे बात करना तो मेरी आदत में है,

तू क्यों मेरी इस आदत को अपना प्यार समझता है,

मैं तो खुले आसमान में उड़ने वाली वो पंछी हूं,

जो कभी भी कहीं भी ज्यादा वक्त तक नहीं ठहरता है,

हां माना मैं तेरा ख्याल तेरी फ़िक्र कुछ ज्यादा रखती हूं,

पर यकीन मान मैं इसे दोस्ती से ज्यादा कुछ भी नहीं समझती हूं,

क्यूंकि प्यार से ज्यादा मैं दोस्ती पर यकीन रखती हूं,

और हंसकर मिलना तो सबसे आदत में है मेरी,

तू क्यों मेरी इस आदत को अपना प्यार समझता है,

मैं सिर्फ तेरी हूं तू क्यों ये गलतफहमी रखता है...

42. पहली मुलाकात

कि आज भी याद है वो पहली मुलाकात,
जब तुमने मुझे सीने से लगाया था,
कितनी खास हूं मैं तुमने ये बताया था,
कभी सोचा ना था इतनी जल्दी सब बदल जाएगा,
इतने दिनों का साथ यूं पल भर में छूट जाएगा,
अगर थी गलती मेरी तो एक बार बताया तो होता,
मैं समझ जाती लेकिन प्यार से समझाया तो होता,
खैर छोड़ो अब जाने भी दो क्या शिकायत करना,
क्यूंकि जो हो चुका वो तो अब नहीं बदलना,
इसलिए चलते हैं तुम अपने रास्ते हम अपने रास्ते...

43. नज़र

खुदको खुदकी ही नजरों में गिराया है,

मैंने आज खुद से रूठ उसे मनाया है,

जानती थी कि पहले जैसा अब कुछ भी नहीं रहा है,

फिर भी सब वही है ये दिल को समझाया है,

मैंने आज खुद से रूठ उसे मनाया है,

हां बातें तो आज भी बहुत हुई हमारे बीच,

पर अब उनमें प्यार से ज्यादा नफ़रत को पाया है,

और जिन सवालों ने घेर रखा था अब तक मुझको,

आज एक बार फिर से उसकी बातों ने उन्हें दबाया है,

मैंने आज खुद से रूठ उसे मनाया है,

पता था कि अब मैं शामिल नहीं उसकी जिंदगी में,

फिर भी झूठ को सच और सच को झूठ अपनाया है,

और जो प्यार था कभी दो तरफा आज उसे एक तरफा पाया है,

मैंने आज खुद से रूठ उसे मनाया है...

44. शिकायत

सुनो ना मुझे तुमसे बात करनी है,
तुम्हारी ही शिकायत तुम्हीं से करनी है,
क्यों करते हो मुझे इतना परेशान,
पता है ना तुमसे प्यार है बेइंतहा,
रूठ जाऊं अगर तो मनाते नहीं हो,
प्यार से तुम कभी समझाते नहीं हो,
और कहते हो कि बहुत प्यार करते हो,
ये कैसा प्यार है तुम्हारा जो तुम करते हो,
इतने दिन हो गए तुमने बात नहीं की,
कैसी हूं मैं ये जानने की कोशिश भी नहीं की,
कभी आओ पास तो बताए दिले हाल अपना,
तुम्हारी ही शिकायत तुम्हीं से करनी है...

45. भूल जाऊंगी

मैं भी तुझे एक दिन तेरी तरह भूल जाऊंगी,

वादा है फिर जुबां पर कभी तेरा नाम ना लाऊंगी,

बहुत सताया है ना तूने मुझे अब उन सब का हिसाब लूंगी,

मैं भी अब तुझे तेरी तरह ही जवाब दूंगी,

और क्या सोचा तूने मैं तेरे बिन रह ना पाऊंगी,

तो चल अब तू भी देख मैं तुझे तेरे बिन रहकर बताऊंगी,

मैं भी तुझे एक दिन तेरी तरह भूल जाऊंगी,

जिस तरह खेला है ना तूने मेरे दिल से,

अब उस तरह मैं भी तेरे दिल से खेलकर दिखाऊंगी,

और मैं क्या चीज़ हूं जाना तुझे अब ये बताऊंगी,

अभी तक देखा था तूने सिर्फ प्यार मेरा अब नफ़रत दिखाऊंगी,

मैं भी तुझे एक दिन तेरी तरह भूल जाऊंगी...

46. एक वादा

सुनो जाना है तो बेशक चले जाना,

लेकिन एक वादा करते जाना कि फिर कभी लौटकर मत आना,

हां होगी तकलीफ मुझे तुम्हें यूं जाता देखकर,

पर उतनी नहीं जितनी अब होने लगी है तुमसे बात कर कर,

बात करने का तरीका बदल गया जो कभी आप था वो तू में बदल
गया,

हां आएगी याद तुम्हारी पर समझा लेंगे खुदको,

क्यूंकि तुम अब वो नहीं रहे जिसको कभी चाहा था हमने,

तुम बदल गए हो तुम सब कुछ भूल गए हो,

अब याद करती हूं जब मिली थी तुमसे उस पल को तो कोसती हूं
खुदको,

क्यूं मिली थी तुमसे जो खो दिया मैंने खुदको...

47. खुदको कभी समझ ही नहीं पाई

दूर जाने का मतलब किसीको भूल जाना नहीं,

बस कुछ शिकायते है खुद से और कोई बात नहीं,

मैं आज रूठी हूं तो सिर्फ अपने आप से,

कि कुछ तो कमी रही होगी मुझमें,

इसलिए तो आज मेरे साथ कोई भी नहीं,

मैं किसी के लिए भी तो कुछ कर ना पायी,

ना किसी को समझ पायी और ना समझा पायी,

शायद मैं एक अच्छी इंसान ही ना बन पायी,

कभी-कभी लगता है इस दुनिया को छोड़कर चले जाना,

कम-से-कम कुछ तो तकलीफ़ कम होगी सबकी,

दूर जाने का मतलब किसीको भूल जाना नहीं,

सब कुछ शिकायते है खुद से और कोई बात नहीं...

48. उम्मीद

जब चलना मुझे अकेले है,
तो फिर एक उम्मीद सी क्यूं है,
कोई तो हो मेरा अपना,
मन में ऐसी चाहत क्यूं है,
खबर है मुझे कोई नहीं अपना,
फिर ये दिल मानता क्यूं नहीं है,
सफर अकेले ही तय करना है,
फिर किसी के साथ की चाह क्यूं है,
समझे तो समझें कोई मुझे,
ऐसी इस दिल की आस क्यूं है,
जब चलना मुझे अकेले है,
तो फिर एक उम्मीद सी क्यूं है...

49. अधूरी कहानी

इस दिल की जान है वो,

हां मेरा पहला प्यार है वो,

तो क्या हुआ अब हम साथ नहीं,

ये दिल तो आज भी उन्हीं के पास है,

आज भी गुजरते है जब वो पास से मेरे,

तो लगता है जैसे अभी साथ थे वो मेरे,

दिल को धड़कना उन्हीने सिखाया था हमें,

सुकून है कभी तो चाहा था उन्होंने हमें,

आज भी जब याद आ जाते है साथ बिताए दिन,

तो रोते भी हुए भी मुस्कुरा देते हैं हम,

इश्क भले ही मुकम्मल नहीं हुआ हमारा,

लेकिन खुशी है कि कभी तो प्यार थे वो हमारा...

50. एक आखरी मुलाकात

कि अब तक संभाले रखा था खुदको पर अब नहीं संभाल पा रही हूं,

तू एक बार आजा मिलने मैं तेरे बिन नहीं रह पा रही हूं,

हां जानती हूं कि तू जा चुका है कब का मुझे भूल चुका है,

पर इस दिल को कैसे समझाऊं ये तो कहना किसी का नहीं मान रहा है,

बस इस दिल की खातिर एक बारी आखिरी मुलाकात करने आजा,

कुछ पल ठहर मुझे मेरी जिंदगी के वो हसीन पल देने आजा,

एक बारी और जाते जाते मुझ पर ये आखिरी एहसान करने आजा,

हां जानती हूं तुझे डर है कि मैं कहीं फिर से तुझे रोक ना लूं,

तेरी आने वाली खुशियों में कहीं कोई रूकावट ना बन जाऊं,

तो यकीन मान मैं इस बार तेरे रास्ते में ना आऊंगी,

तुझे जाता देख एक भी आंसू ना बहाऊंगी बल्कि प्यार निभाऊंगी,

हां होगी तकलीफ तेरे बिन जीने में पर एक दिन संभल जाऊंगी,

यही सोच हर रोज मैं अपनी बची हुई जिंदगी भी जी जाऊंगी,

बस इस दिल की खातिर एक बारी आखिरी मुलाकात करने आजा...

51. एक आवाज

कि जब मैं खुद में सिमटते जा रही थी अन्दर ही अन्दर घुटते जा रही थी,

तभी पीछे से एक आवाज आई थी तुम मेरी दोस्त बनोगी क्या,

मैं थोड़ी सी घबराई और थोड़ी सी डरी हुई थी अन्दर से जो टूटी हुई थी,

कुछ समझ नहीं आ रहा था मन में एक अजीब सी हलचल चल रही थी,

बहुत सोचा तो लगा कि जरूरी तो नहीं हर शख्स उसकी तरह वेबफा ही हो,

पर वो डर इतना गहरा कि अंदर ही अंदर मुझे खाएं जा रहा था,

कि उसने भी छोड़ दिया मुझे तो फिर कैसे भरोसा और जिंदा रहा जाएगा,

लेकिन एक सवाल ये भी था कि कब तक दूसरो की गलती की सजा खुदको दी जाएगी,

तो फिर क्या भूल सारे डर अपने मैंने भी उसे अपना दोस्त बनाया था,

और सबकी तरह हमारी बातों ने भी जोर पकड़ा था नया नया जो रिश्ता था,

बातें मानो इतनी कि दिन से रात कब हो जाती पता ही नहीं चलती थी,

अब तो ऐसा लगने लगा था जैसे हमारा रिश्ता भगवान ने बनाया था,

पर मुझे क्या पता था कि वो उन सबकी तरह वेबफा ही होगा,

कि सिर्फ दर्द में देखने और ऐसे रूलाने के रूलाने के मकसद से ही आया होगा...

52. तेरी चाह

एक सिर्फ तेरी चाह में उसने सबको खोया,
अफसोस फिर भी तू उसे कभी समझ ना पाया,
जो करती ना थी कभी किसी से अपने दिल की बात,
उसने तुझे अपने दिल का हर एक राज बताया,
मुश्किल के हर वक्त में तेरा साथ निभाया,
और तू दो पल भी उसका साथ ना दे पाया,
तेरी हर बात को उसने सर आंखों पर बिठाया,
ख्वाबों को तेरे उसने अपना ख्वाब बनाया,
जिंदगी की हर खुशी को तेरे नाम कर दिया,
उसने तेरे लिए अपने आपको भी भुला दिया,
काश तू कभी उसके जज्बातों को समझ पाता,
उसने एक तेरे सिवा कभी किसी और को ना चाहा...

53. कई दिनों बाद

आज कई दिनों बाद उनसे मुलाकात हुई,
लेकिन हर बार की तरह इस बार भी बातें अधूरी रही,
कहना तो बहुत कुछ था हमें उनसे,
पर फिर देखा कि आज भी उनके पास हमारे लिए वक्त की कमी
रही,
हां मिले थे हम उनसे लेकिन मिलना भी मिलने जैसा लगा नहीं,
दो पल का साथ रहा फिर वही कहीं दिनों की दूरी हुई,
पर फिर खुदको समझा लिया कि चलो कम-से-कम मुलाकात तो
हुई,
तो क्या हुआ जो कुछ पल और साथ ना बिता पाए हम,
खुशी है इस बात कि की जो हसरत थी उन्हें देखने की वो तो पूरी
हुई,
आज कई दिनों बाद उनसे मुलाकात हुई...

54. तलाश

दोस्तों के साथ देख वो मुझे उन्हें मेरा प्यार बताता है,
मुझसे दूर जाने के बहाने वो कुछ यूं बनाता है,
जानता है बखूबी कि प्यार मुझे सिर्फ उसी से है,
फिर भी हर बार वो मुझ पर ग़लत इल्जाम लगाता है,
मुझसे दूर जाने के बहाने वो कुछ यूं बनाता है,
ये कहता तो नहीं कि चली जाओ मेरी जिंदगी से,
पर हर बात में यही बताने की कोशिश करता है,
मुझसे दूर जाने के बहाने वो कुछ यूं बनाता है,
और जब कभी गलती से पड़ जाऊ उसके दोस्तों के सामने,
तो मुझे अंजान बता वो बात को घुमा देता है,
मुझसे दूर जाने के बहाने वो कुछ यूं बनातहै...

55. बदलता दोस्त

कौन कहता है कि बदलता सिर्फ प्यार है,
मैंने अपने दोस्त को भी बदलते देखा है,
कभी जो मुझे जान कहकर पुकारता था,
आज उसे किसी और को जान कहते देखा है,
मैंने अपने दोस्त को भी बदलते देखा है,
एक वक्त था जब हमारी बातें खत्म नहीं होती थी,
और आज उन्हें शुरू होने से पहले खत्म होते देखा है,
मैंने अपने दोस्त को भी बदलते देखा है,
कभी जो बिन कहे ही समझ लेता था मेरी सारी बातें,
आज उसे कहकर भी उन्हें ना समझते देखा है,
मैंने अपने दोस्त को भी बदलते देखा है,
जो वादे उसने किए थे साथ निभाने के,
आज उन्हें किसी और के साथ पूरा करते देखा है,
मैंने अपने दोस्त को भी बदलते देखा है...

56. दोस्ती की दास्तां

कि लिखना कुछ अच्छा चाहती थी पर लिख कुछ बुरा दिया,

क्या करूं मैं जो मिला तजुर्बा वही कागज पर उतार दिया,

दोस्ती की दुहाई देते है लोग लेकिन उसने मुझे रूला दिया,

मेरी अच्छाई का फायदा कुछ इस कदर उसने उठा लिया,

अब भरोसा नहीं करती तो लोगों ने मुझे खुदगर्ज बता दिया,

कि कैसी सोच है तुम्हारी जो तुमने हर इंसान को एक बता दिया,

पर अब उन्हें कैसे समझाऊं कि जिसने मुझे जीते जी जानुम्म दिखा दिया,

मुझ जैसी हंसती खेलती लड़की को एक जिंदा लाश बना दिया,

तो अब भरोसा ना कर मैंने कौनसा गुनाह कर दिया,

हां मुझे भी तकलीफ होती है देखकर जो मैंने खुदका हाल बना लिया,

लेकिन ये तोहफा भी तो मेरे खुदके अपने दोस्तों ने दिया,

क्या करूं मैं जो मिला तजुर्बा वही कागज पर उतार दिया....

57. चले आना

सुनो कभी याद मेरी तो वापस चले आना,
मैं हूं वहीं खड़ी तुम इस बात का ख्याल रखना,
और क्या सोचूंगी मैं तुम ये जरा भी मत सोचना,
क्यूंकि प्यार मैंने दिल से किया था ना कि कोई खेल था,
जो बदल जाए वक्त के साथ ऐसा मेरा प्यार ना था,
मैं आज भी कहीं तुमको खुद में ही ढूंढती हूं,
तुम आवाज ना देदो इसलिए रातों को भी जागती हूं,
हां मैं आज भी तुमसे बेइंतहा प्यार करती हूं,
और ना जाने क्यूं आज भी तुम्हारा इंतज़ार है,
मेरे इस दिल को मुझसे ज्यादा तुम पर एतबार है,
इसलिए मैं हूं वहीं खड़ी तुम इस बात का ख्याल रखना,
सुनो कभी याद आए मेरी तो वापस चले आना...

58. खामोशी

कि तेरे जाने के बाद वो कुछ इस तरह खामोश हो गई है,
जैसे कि एक जिंदा लाश हो गई है,
आवाज़ दो उसे तो सुनती नहीं अंधेरों से बहार निकलती नहीं,
मैं थक गई हूं उसे समझाते-समझाते पर वो है कि मानती नहीं,
अब तुम ही आकर उसे समझाओ ना फिर से वही प्यार दिखाओ
ना,
क्यूं बैठे हो रूठकर एक बार तो आकर उसे गले से लगाओ ना,
मुझसे उसकी ये हालत देखी जाती नहीं,
कैसी थी वो और क्या हो गई ये सोच मुझे नींद आती नहीं,
मैं क्या करूं ऐसा जो वो पहले की तरह चेहकने लगें,
वहीं अंदाज वहीं मुस्कुराहट फिर से वो मुस्कुराने लगे,
ऐ खुदा अब तू ही कोई राह दिखा उसके जख्मों की दवा बता,
जिससे मिल जाए वो ख़ुद से ऐसी कोई मंजिल बता...

59. एक खोया खोया चांद

कि ना जाने क्यूं आजकल वो कुछ खोया-खोया सा रहता है,

पूछूं जो हाल में उसका तो ठीक हूं मैं ये कहकर टाल देता है,

पर ये मेरा दिल जानता कि कुछ तो है ऐसा जो उसे सताता है,

आखिर क्या है ऐसा जो उसे अन्दर ही अन्दर खाता है,

क्या टूटा है वो या अपनी किस्मत का मारा है,

अब ये वही जाने जिसने उसको करीब से देखा है,

पर जितना मैंने जाना है उसकी बातों में राज कोई गहरा है,

मुस्कुराए भी तो लगता जैसे बहुत बड़ा कोई पहरा है,

आखिर क्या है ऐसा जो उसे अन्दर ही अन्दर खाता है,

क्या दर्द है उसके सीने में जो वो सबसे छुपाता है,

हर रोज एक झूठी हंसी सजा पर पल मुस्कुराता है,

कि ना जाने क्यूं आजकल वो कुछ खोया-खोया सा रहता है...

60. ओ कान्हा

ओ कान्हा सर पर मेरे तू अपना हाथ बनाए रखना,

मैं भटकू जो गर तो राह दिखाए चलना,

मुझे तू बस अपने साये में रखना,

दुनिया की बुरी नजरों से बचाए चलना,

ओ कान्हा सर पर मेरे तू अपना हाथ बनाए रखना,

मैं जो कभी हारू हिम्मत तो बंधाए रखना,

हर पग हर डगर मेरे संग-संग चलना,

मुझे तू बस अपने साये में रखना,

बिखरू जो कभी तो संभाले चलना,

ओ कान्हा सर पर मेरे तू अपना हाथ बनाए रखना...